BEI GRIN MACHT SICH IHR WISSEN BEZAHLT

- Wir veröffentlichen Ihre Hausarbeit,
  Bachelor- und Masterarbeit

- Ihr eigenes eBook und Buch -
  weltweit in allen wichtigen Shops

- Verdienen Sie an jedem Verkauf

Jetzt bei www.GRIN.com hochladen und kostenlos publizieren

Oliver Bock

Arnes Nachlaß von Sigfried Lenz, ein Adoleszenzroman?

GRIN Verlag

Bibliografische Information der Deutschen Nationalbibliothek:

Die Deutsche Bibliothek verzeichnet diese Publikation in der Deutschen National-
bibliografie; detaillierte bibliografische Daten sind im Internet über http://dnb.d-
nb.de/ abrufbar.

Impressum:

Copyright © 2002 GRIN Verlag GmbH
Druck und Bindung: Books on Demand GmbH, Norderstedt Germany
ISBN: 978-3-656-44695-8

Dieses Buch bei GRIN:

http://www.grin.com/de/e-book/23763/arnes-nachlass-von-sigfried-lenz-ein-adoles-
zenzroman

GRIN - Your knowledge has value

Der GRIN Verlag publiziert seit 1998 wissenschaftliche Arbeiten von Studenten, Hochschullehrern und anderen Akademikern als eBook und gedrucktes Buch. Die Verlagswebsite www.grin.com ist die ideale Plattform zur Veröffentlichung von Hausarbeiten, Abschlussarbeiten, wissenschaftlichen Aufsätzen, Dissertationen und Fachbüchern.

Besuchen Sie uns im Internet:

http://www.grin.com/

http://www.facebook.com/grincom

http://www.twitter.com/grin_com

Hausarbeit

**zur Prüfung für das Lehramt an Grund-, Haupt-, und Realschulen
an der Technischen Universität Braunschweig**

Thema: Arnes Nachlaß von Siegfried Lenz, ein
Adoleszenzroman?

Vorgelegt von: Oliver Bock

Inhaltsverzeichnis

Einleitung

In dem Seminar „Holden Caulfield und seine Geschwister" wurde in unserer Projektgruppe ein Überblick des Romans „Arnes Nachlaß" von Siegfried Lenz entworfen und den anderen Seminarteilnehmern/innen in einer knappen Präsentation vorgestellt. Da in der viel zu kurzen Zeit eine ausreichende Analyse nicht ansatzweise auszuarbeiten war, möchte ich dies mit meiner hier vorliegenden Hausarbeit nachholen.

In der nun folgenden Auseinandersetzung mit dem Roman soll der Frage nachgegangen werden, ob es sich bei „Arnes Nachlaß" um einen, den gattungsspezifischen Eigenschaften entsprechenden, Adoleszenzroman handelt.

Dabei versteht es sich, dass vor der Analyse des Romans eine Klärung der Begrifflichkeiten unumgänglich erscheint.

1. Adoleszenz

Der Begriff Adoleszenz umschreibt die Lebensphase, in der der Wandel vom Kind zum Erwachsenen vonstatten geht. Hiermit sind nicht nur körperliche Veränderungen gemeint wie die sexuelle Reifung, sondern die Gesamtheit aller physiologischen, psychologischen und soziologischen Prozesse.

So ist die Dauer der Adoleszenz weit ausgeprägter als die der Pubertät, welche allein für die körperliche Reifung steht. Ab ca. dem 11. Lebensjahr beginnt die adoleszente Entwicklung und kann sich in der Regel bis ins zweite Lebensjahrzehnt hinziehen. Durch die Veränderung soziologischer Strukturen in der heutigen Gesellschaft kann die Zeitspanne der Adoleszenz allerdings noch weiter gefasst werden. Gerade der Einstieg ins Berufsleben, und die damit verbundene finanzielle Unabhängigkeit, hat sich in den letzten Jahrzehnten um einige Jahre verzögert. Aufgrund länger andauernder Studiengänge oder einer anhaltenden Orientierungslosigkeit in Bezug auf den gewünschten „Traumberuf" ist es möglich, dass ein Eintritt in das Berufsleben erst ab Ende zwanzig oder mit Anfang dreißig erfolgt. Dieser verlängerte letzte Abschnitt erhielt im Laufe der Zeit die Bezeichnung „Postadoleszenz", da die meisten Prozesse zum erreichen des Erwachsenenstatus schon lange durchlaufen worden sind und nur noch einige wenige Aspekte die Vollendung dieses Prozesses blockieren.

Meiner Meinung nach werden zwei wichtige Merkmale der Adoleszenz durch die Postadoleszenz verdeutlicht. Da es sich hier um eine noch sehr jungen Entwicklung handelt, kann die Adoleszenz nicht einen statischen Vorgang repräsentieren, der über die Jahrhunderte keine Veränderungen erfahren hat. So unterliegt der Reifeprozess einem stetigen, dynamischen Wandel, der sowohl zeitlich als auch lokal sehr unterschiedliche Ausmaßen annehmen kann. Äußere Faktoren wie Gesellschaftsform, Staatsform, gesellschaftliche Ansprüche, religiöser Einfluss und v.a. spielen eine zentrale Rolle bei der Heranreifung zum Erwachsenen.

Neben der Dynamik wird weiter deutlich, dass die Adoleszenz nicht aus einer kompakten Phase besteht, die jeder durchläuft und danach als vollwertiges erwachsenes Mitglied unserer Gesellschaft daraus hervorgeht, sondern dass es sich vielmehr um ein höchst komplexes Gebilde handelt, das aus verschiedensten Phasen aufgebaut ist, die zeitgleich oder sukzessiv durchlebt werden. Hieraus resultiert eine variable Vollendung der verschiedene Phasen. Der Erwachsenenstatus kann zum Beispiel im Bereich „Politik und Kultur" früher abgeschlossen werden als im Bereich „Partnerschaft und Familiengründung" (vgl. Hurrelmann, 1994,292). Das Wesen der Adoleszenz liegt m.E. in der Diskrepanz zwischen der Identitätsfindung des Subjekts und der gesellschaftlichen Norm begründet.

Je mehr Rechte und Freiheiten die Individuen in unserer Gesellschaft mit zunehmenden Alter erlangen, desto mehr Handlungsspielraum erhalten sie. Damit beginnt die Zeit des „Ausprobierens". Unterschiedliche Rollen werden getestet, gesellschaftliche Normen hinterfragt; immer mit dem Ziel der eigenen Identitätsfindung.

Nicht selten kommt es dabei zu Überschreitungen der konventionellen Normen als Zeichen der bewussten Negation unserer Gesellschaft und der „Ich" –Präsentation des Individuums in der Öffentlichkeit, bei der die Wahrnehmung von anderen im Mittelpunkt steht.

Jedoch bleiben diese Überschreitungen in der Regel ohne negative Folgen für die Gesellschaft, häufig handelt es sich um stillen Protest (z.B. nicht der Norm entsprechende Gestaltungsmerkmale wie Kleidung, Haarschnitt, etc.) oder um leichte Delikte (z.B. das Ansprühen von Hausfassaden).

Der Katalog an Entwicklungsaufgaben in der Adoleszenz scheint immens:
Psychisches Einvernehmen mit dem sich wandelnden Körper, Aufbau einer Peer- Group außerhalb der Familie, gesellschaftliche Rollenerwartung in Bezug auf das eigene Geschlecht, erste intime Beziehungen, Findung eines Partners/ einer Partnerin, Unabhängigkeit zum Elternhaus erlangen, realistische Formen der Zukunftsgestaltung aneignen, eigene Präferenzen von Werten bilden u.a. (vgl. Dreher & Dreher, 1985)

Demgegenüber stehen die Anforderungen der postmodernen Gesellschaft an den Jugendlichen in der heutigen Zeit. Nach Gansel ist

> *(d)er Begriff „Jugend" zu einer Art Leitbild für alle Generationen geworden; Jung-Sein gilt in einer (post)modernen Erlebnisgesellschaft als Sinnbild, ja als Wert schlechthin. Die Folge ist, dass die älteren Generationen bemüht sind, möglichst rasch Zeichen von Jung-Sein zu übernehmen.* (Gansel; 2000, 6)

Umso schwieriger wird es für die Jugend, weiter Möglichkeiten der Individualisierung zu finden. In einer Gesellschaft, in der fast alles erlaubt scheint, können explizite Abgrenzungen nur noch durch Extrema hervorgebracht werden. Darüber hinaus wird der Zeitraum der Lebensphase Jugend im gesellschaftlichen Konsens verlängert, so dass nicht nur das Jung-Sein als Lebensgefühl und Ausdruck für Kraft, Motivation, Kreativität und Individualität länger aufrecht erhalten wird, sondern auch der Eintritt in den Erwachsenenstatus und die damit verbundenen Probleme hinausgezögert werden.

So scheint es nicht verwunderlich, dass einige Jugendliche diesem Konflikt von der Bildung der eigenen Identität in den gesellschaftlichen Rahmenbedingungen nicht gewachsen sind. Wenn es zu einer Überforderung des Individuums kommt, können Störungen im adoleszenten Verlauf auftreten, wie zum Beispiel:

→ **psychosomatische Beschwerden (Kopfschmerzen, Magenbeschwerden undefinierbare Bauchschmerzen, Rückenschmerzen, ...)**

→ **erhöhtes Risikoverhalten (nicht anschnallen, alkoholisiert Auto fahren, Mitführen von Waffen, ...)**

→ **Suchtverhalten (Alkohol-, Tabak- und Drogenkonsum, Magersucht,...)**

→ **Depressionen (Selbstmordgedanken, -versuche,...)**   **(vgl. Mutz/Scheer,1997)**

Werden diese Störungen frühzeitig erkannt, kann den Betroffenen auf ihrem weiteren Weg des Erwachsenwerdens geholfen werden. Ansonsten besteht die Möglichkeit, dass Folgeschäden ein ganzes Leben lang erhalten bleiben oder dass es frühzeitig aus Überforderung zu einer suizidalen Verzweiflungstat des Individuums kommt.

Wie man erkennt, hat sich Adoleszenz soziologisch stark verändert. Aus der „einfachen" Übergangsphase vom Kind zum Erwachsenen ist ein komplex verknüpftes System mit sehr hohen Anforderungen an die Heranreifenden geworden.

2. Der Adoleszenzroman

2.1 Einbettung des Adoleszenzromans in die Literaturgeschichte

Die literarische Gattung „Adoleszenzroman" entstand erst in den letzten zwei Jahrzehnten und wurde aus dem angloamerikanischen von „adolescent novel" abgeleitet. Betrachtet man jedoch die damals entstandenen gattungsspezifischen Kriterien des Adoleszenzromans (s. 2.2) näher, finden sich ähnlich angelegte Texte schon viel früher in der Literaturgeschichte. Sowohl für Ewers (vgl. Ewers, 1989, 11) als auch für Gansel (vgl. Gansel, 2000, 9) weist Goethes „Die Leiden des jungen Werther" von 1774 als erster deutscher Roman ausführlich auf die adoleszente Problematik hin. Darauf folgte in geringem zeitlichen Abstand Moritz' „Anton Reiser" (1785- 1790), der vom „Werther" beeinflusst wurde, doch vorerst weit weniger Beachtung fand.

Durchsetzten konnten sich diese literarischen Neuschöpfungen allerdings nicht. Das folgende Jahrhundert wurde von einer anderen Romangattung nachhaltig geprägt. Goethes „Wilhelm Meister", der 1795/96 in vier Bänden erschien, sollte für das 19. Jahrhundert richtungsweisend sein. Der Bildungsroman hielt Einzug in die deutsche Literaturlandschaft. Erst Anfang des 20. Jahrhunderts wurde die adoleszente Lebensphase in den sog. Schulromanen wieder aufgegriffen. Bekannteste Vertreter dieser Zeit waren Hesses „Unterm Rad" (1906), Musils „Die Verwirrungen des Zöglings Törleß" (1906) und Huchs „Mao" (1907). Geschildert wird zumeist der Konflikt zwischen der stark autoritären Lehrkraft und dem darunter leidenden Schüler. Die ausschließlich männlichen Protagonisten werden in existenzielle Sinnkrisen versetzt, die zu bewältigen sie nicht in der Lage sind. So endet die Suche nach der Identität letztlich meist mit dem Tod.

Im deutschsprachigen Raum bricht diese zweite, wichtige Phase der adoleszenten Literatur durch die neu aufkommenden Strömungen des Expressionismus und der Neuen Sachlichkeit vorzeitig ab.

Im zeitlich folgenden Nationalsozialismus sucht man vergeblich nach Spuren des Adoleszenzromans. Reflektierte, kritische Identitätsfindung von Jugendlichen war in der damaligen Literaturära unerwünscht.

So verwundert es nicht, dass erst Ende der 50'er Jahre wieder adoleszente Literatur auf dem deutschen Buchmarkt zu finden war. Der wohl derzeitig bekannteste Adoleszenzroman „Der Fänger im Roggen" von J.D. Salinger wurde 1956 in deutscher Sprache bei Kiepenheuer & Witsch verlegt. In etwa zeitgleich erschien Carson McCullers „Frankie" , in dem erstmalig für die Adoleszenzliteratur eine weibliche Protagonistin dargestellt wird. Bei beiden Büchern

handelt es sich um Übersetzungen aus dem Angloamerikanischen. Dass gerade aus den Vereinigten Staaten die Adoleszenzromane nach Deutschland importiert wurden, erklärt sich Gansel wie folgt:

> *Der Modernisierungsvorsprung der amerikanischen Gesellschaft, der vor dem Hintergrund der Abbremsung der deutschen bzw. europäischen Moderne durch den Nationalsozialismus und Zweiten Weltkrieg entsteht, führt dazu, dass hier die gattungsprägenden literarischen Realisierungen [...] möglich werden. (Gansel, 2000, 17)*

Die gleiche Entwicklung der Gesellschaft trat in Deutschland nur verzögert ein. Romane wie „Katz und Maus" von Grass (1961) oder „Die neuen Leiden des jungen W." von Plenzdorf (1972) entstehen und stoßen auf begeisterte Rezipienten. Die Nachfrage nach Literatur zur Identitätsfindung für sich entwickelnde, orientierungslose Jugendliche wuchs an. So fand sich die Jugend in der Erwachsenenliteratur wieder, in der ausschließlich Adoleszenzromane verlegt worden waren.

Wieder sind es amerikanische Texte, die als Reaktion auf die steigende Konjunktur in diesem literarischen Bereich herangezogen werden. Die ersten Übersetzungen im Jugendbuchbereich erscheinen in den 1970er Jahren. Autoren wie Barbara Wersba, Susan E. Hilton, Warren Miller oder John Donovan werden bekannt. Manche von ihnen scheinen bis heute aktuell, so erschien vor kurzem Susan E. Hiltons „Die Outsider" (1983) sogar in einer Neuübersetzung Die literarische Gattung des modernen Adoleszenzromans etablierte sich mit der Zeit und auch deutsche Autoren wie Korschunows, Herfurtner oder Chidolue folgten dem Trend, der sich über die 1980er und 1990er Jahre hinweg ausbreitete.

In aktuellen Strömungen findet als markanteste Erneuerung in Adoleszenzromanen ein inhaltlicher Umbruch statt, bedingt durch gesellschaftliche Veränderungen.

Die nach Gansel „postmodernen Adoleszenzromane" haben nun keinen nach Individualität strebenden, sondern den nach Vergnügen suchenden Jugendlichen als Hauptakteur. Zu erklären ist dieser Wechsel durch die nicht mehr mögliche Abgrenzung zur Gesellschaft, in der, wie oben schon angesprochen, alles erlaubt scheint. (vgl. Gansel, 2000, 21)

2.2 Gattungsspezifische Kriterien

Kennzeichnend für den Adoleszenzroman sind verschiedene inhaltliche und formelle Gestaltungsmomente.

Bei den Protagonisten handelt es sich um einzelne (evt. auch mehrere) Jugendliche, die auf der Suche nach Individualität und ihrem Platz in der Gesellschaft sind. Es fällt auf, dass im

klassischen Adoleszenzroman nur männliche Helden in Aktion treten. Dies ändert sich erst deutlich in den modernen Adoleszenzromanen der letzten 30 Jahre, worin auch die emanzipatorische Mädchenliteratur begründet liegt. Das Alter der Jugendlichen kann sich über die gesamte Adoleszenzphase erstrecken (ca. 11 – 35 Jahre). In Romanen, die in Jugendbuchverlagen erscheinen und Jugendliche als Zielgruppe haben, schwankt das Alter meist zwischen 11 und 18 Jahren.

Dargestellt wird immer ein Individuum, das durch Ganzheitlichkeit besticht. Die komplexen Charaktere müssen in ihrer individuellen Art durch innere Reflexion ihrer Umgebung die Zeit der Orientierungslosigkeit meistern. Dabei ist nicht immer garantiert, dass sie mit ihren Bewältigungsstrategien erfolgreich sind. Zwar hat der Ausweg des Todes in dieser Gattung seit den Schulromanen des letzten Jahrhunderts stark abgenommen, dennoch ergeben sich neue Folgen des Scheiterns wie Depressionen, Rückzug in absolute Isolation u.a.

Selbst bei positiven Bilanzen im Ausgang des Romans, erscheint dieser nie abgeschlossen. Beim Rezipienten soll nicht der Eindruck entstehen, dass ein Punkt im Leben existiert, an dem die abgeschlossene Adoleszenz festzumachen ist. Es handelt sich hierbei eher um einen fließenden Prozess, der in vielen differenten Bereichen zum Abschluss gebracht werden muss.

In der Vermittlung des ganzheitlichen Bildes der Hauptperson ist eine negative Grundstimmung, durch hereinbrechende existentielle Ereignisse und innere Zerwürfnisse nicht zwingend notwendig. Gerade durch pikareske Elemente können ebenso heitere und lustige Episoden die Adoleszenzromane durchziehen (vgl. Ewers, 1989, 11)

Die speziellen Themen decken sich mit den oben erwähnten Entwicklungsaufgaben in der Jugendzeit. So stehen der erste sexuelle Kontakt, die Partnerwahl, die erste Liebe, die Hierarchisierung des eigenen Wertesystems, Aufbau des Freundeskreises u.a.m. im Vordergrund. Selten werden alle Probleme gleichwertig behandelt, zumeist gibt es eine klare Schwerpunktsetzung.

In der Gestaltung des Erzählstils findet sich eine Fülle an verschiedenen Techniken. Anfangs häufig noch auf konventionelle erzählerische Techniken reduziert, geht der Adoleszenzroman schnell mit neuen ausgefallenen Darstellungselementen des modernen Romans einher (differenzierte Formen des personalen Erzählens, innere Monologe, Stream of consciousness, erlebte Rede, ...). Oft werden erst die inneren Spannungen der Protagonisten durch den passenden Erzählstil klar verdeutlicht.

3. Analyse des Romans „Arnes Nachlaß" von Siegfried Lenz

3.1 Der Autor

Der am 17. März 1926 in Lyck (Masuren/Ostpreußen) geborene Siegfried Lenz kommt schon früh mit der nautischen Welt, die in seinem letzten Roman „Arnes Nachlaß" immer wieder anklingt, in Kontakt. 1943 wird er zum Dienst in die Marine eingezogen, zuvor hatte er das Kriegsabitur bestanden. Nach anfänglicher Euphorie über das Kriegsgeschehen wird Lenz bald vom Gegenteil überzeugt. Das Schiff „Admiral Scheer", auf dem er stationiert war, wird versenkt, doch Siegfried Lenz gelingt die Rettung. Angeregt durch dieses existenzielle Ereignis flieht er aus der Armee und gerät in englische Kriegsgefangenschaft, bei der er als Übersetzer Verwendung findet. Kurze Zeit später wird er entlassen und sein Weg verschlägt ihn nach Hamburg, wo er 1945 das Studium der Philosophie, der Literaturgeschichte und der Anglistik beginnt.

Nach dem Abbruch des Studiums 1948 und einer dreijährigen Tätigkeit als Redakteur bei der „Welt" veröffentlicht er 1951 seinen ersten Roman „Es waren Habichte in der Luft". Seinen großen Durchbruch erlangt Lenz aber erst 17 Jahre später mit dem Werk „Deutschstunde", das einige Parallelen zu „Arnes Nachlaß" aufweist.

In beiden Romanen sind Jugendliche die Protagonisten und reflexiv wird über ihren Werdegang in der Phase der Adoleszenz berichtet. Vordergründig müssen sowohl Arne als auch Siggi gegen die Probleme ihres Alters ankämpfen (Bildung der Peer-Group, Abgrenzung zu den Eltern), doch schwingt ebenso bei beiden Helden die Frage nach viel elementareren, soziologischen Strukturen mit.

Siegfried Lenz ist seit 1951 in Hamburg sesshaft, verbringt aber auch viel Zeit auf der dänischen Insel Alsen. Er scheint tief verwurzelt mit der nordischen Umgebung zu sein. Dies ist ein Aspekt, der auch in vielen seiner Werke immer wieder auftritt. Denn meist handelt es sich um Schauplätze wie Küstenregionen oder Städte am Meer. Durch den direkten Bezug zu Hamburg erklärt sich auch die oft hoch realistische, detailgenaue Milieukennzeichnung in „Arnes Nachlaß".

3.2 Aufbau und Erzählkonstruktion

Das Geschehen im Roman wird dem Leser aus der personalen Sicht des Ich – Erzählers Hans geschildert. Dabei kommt es zu zwei wechselnden Erzählebenen.

In der aktuellen Erzählhandlung wird Hans von seinen Eltern beauftragt, Arnes „Nachlass" zu verpacken. Allein beginnt Hans, die Sachen durchzusehen. Die Zeit, in der er den Nachlass verstaut, erstreckt sich in der aktuellen Erzählhandlung um einige Stunden und korrespondiert in etwa mit der Erzählzeit von ca. 3 Stunden.

In inneren Monologen wird Arne immer wieder von Hans angesprochen, z.B.: „Ach, Arne..." (S.8)*, „Du, Arne, gabst ihm nach, ..." (S.181) oder „Nie, Arne, werde ich vergessen..." (S.198).

Somit erhält der Leser den Eindruck, Arne wäre als Person noch immer existent.

Weiter wird der noch nicht überwundene Verlust Arnes deutlich, der auch im Text direkt zu finden ist, wie z.B. „Als ich die Schritte hörte, dachte ich sofort an ihn, es waren seine behutsamen Schritte, die sich da näherten, für einen Augenblick gab es keinen Zweifel daran, ..." (S. 205).

Gestört wird Hans während seiner Tätigkeit von drei Familienangehörigen: Dem Vater, Lars und Wiebke. Jeder von ihnen möchte seinen Teil zum Nachlass beisteuern. Hierbei werden Hans' Monologe von direkter Rede zwischen den handelnden Personen durchbrochen. Arne als imaginärer Gesprächspartner tritt in den Hintergrund. Auch der hierbei entstehende Wechsel zwischen Distanz und Nähe zu Arnes Person spiegelt sich in der Handlung wieder, in der Arnes Beziehungen zu den unterschiedlichen Individuen ähnliche Wechsel erfahren (z.B. die sehr auf Nähe und Ferne abgestimmte Beziehung zu Kalluk).

Der Wechsel zwischen der gerade geschilderten aktuellen Erzählhandlung und den einzelnen Retrospektiven wird durch die verschiedenen Gegenstände des Nachlasses ausgelöst.

Während Hans die Hinterlassenschaft sichtet, fallen ihm bestimmte Gegenstände auf, mit denen er kurze episodenhafte Geschichten verknüpft. So erinnert eine Siegerurkunde beispielsweise an einen Aufsatzwettbewerb in der Schule (S.37) oder Überreste eines Reusennetzes an einen gemeinsamen Familienausflug (S. 111). Etwas künstlich wirkt hierbei die Zufälligkeit der Auswahl verschiedener Gegenstände, bei der zuletzt ein nahezu chronologischer Ablauf der Ereignisse zustande kommt: Angefangen mit Arnes Ankunft bis hin zu seinem tragischen Abschied. Bei der sich dabei zu erschließende Zeit handelt es sich um ungefähr 3 Jahre.

Der Leser bekommt durch Hans kurze Erzählungen einen Einblick in Arnes Leben. Nur aus der personalen Erzählhaltung lernt man Arne kennen. So scheint es nicht verwunderlich, dass man ein Gesamtbild von Arne nicht allein durch Hans subjektive Sichtweise erlangen kann,

---

* Alle Zitate beziehen sich auf folgende Ausgabe: Lenz, Siegfried: „Arnes Nachlaß" ; Deutscher Taschenbuch Verlag; München 2001, 2. Auflage

worüber hinaus auch im Verlauf des Romans immer deutlicher hervorgeht, dass selbst Hans keinen direkten Zugang zu Arne hatte.

Ein Gesamtbild Arnes und Beweggründe für sein Handeln kann man ausschließlich zwischen den Zeilen durch objektive Bewertung des Geschehens und Übertragung der eingestreuten Symbole erhalten. Eine Vorgehensweise, die sich in einigen Romanen von Siegfried Lenz wiederfindet wie z.b. in seinem zuvor erschienenen Roman „Die Auflehnung" (1994). In „Arnes Nachlaß" steigert Lenz erneut diese Sparsamkeit der Darstellung auf das Wesentliche. Durch Reduktion in den Erzählebenen entstehen nur kleine Ausschnitte aus Arnes Leben, die aber zu einem Gesamtbild von Arne durch ihre bestechende Bildhaftigkeit und den symbolischen Anspielungsraum beitragen, einem großen Mosaik gleichend, dass sich aus vielen kleinen Steinen zusammensetzt und nur in seiner Gesamtheit Wirkung zeigt. Somit wird der Rezipient des Romans in eine aktive Lesehaltung gedrängt, die dadurch bestimmt ist, Hans subjektive Schilderung mit den objektiven Eigenbeobachtungen in Einklang zu bringen.

3.3 Der Schauplatz

In einer alten Abwrackwerft in einem abgelegenen Hafenbecken Hamburgs ist der Schauplatz des Romans angesiedelt. Hierbei handelt es sich offensichtlich um einen relativ großen Bereich, an dem sowohl alte Schiffe zerlegt werden als auch Lagerhallen existieren, in denen das gewonnene Recyclingmaterial, wie unterschiedliche Metalle, Ausbauten und Schiffsmechanik, zwischengelagert oder direkt weiter verkauft wird. Auf diesem Gelände befindet sich auch das Haus der Familie, in die Arne liebevoll aufgenommen wird.

In der aktuellen Erzählhandlung agiert der Erzähler Hans ausschließlich in dem von ihm bewohnten Zimmer und für kurze Zeit in dem Zimmer seines Bruders, der ihn durch laute Musik von der andächtigen Arbeit ablenkt.

Arne teilte sich während seines Aufenthaltes in der Familie das Zimmer mit Hans. In der verwinkelten und verschachtelten Raumatmosphäre dieses Zimmers, beispielsweise durch Eckschränkchen und Kajütenbetten hervorgerufen, erhält der Leser den Eindruck einer individuell eingerichteten Schutz- und Beobachtungszone, die Arne genauso wie Hans im Verlauf des Romans in Anspruch nimmt (Arnes Krankenlager S. 101, Hans späht mit dem Nachtglas über das Gelände S. 192).

In den kurzen Geschichten der zweiten Erzählebene schweift man mit Arne und Hans über das gesamte Werftgelände. Des Weiteren wird die Schule Schauplatz des Geschehens und ein unbekannter Ort am Elbufer, an dem das Picknick der Familie stattfindet. Diese beschränkte Ortswahl verweist auf die kleine kompakte Welt in der Arne aufwächst, die scheinbar völlig ohne Außenbezüge existieren kann und die ihre eigene gesellschaftliche Komplexität besitzt.

Dieser fast schon abgeschottete soziologische Mikrokosmos wird dem Leser deutlich bewusst, wenn als Kontrast ferne Länder oder exotische Orte im Textverlauf auftreten. Schon zu Beginn des Romans ist die Rede von „südafrikanischen Tafelbirnen" (S.8), „holländischen Butterkeksen" (S. 20), „marokkanischen Sitzkissen" (S. 25) oder Arnes selbst ausgesuchter „schottischen Wolldecke" (S. 31). Auch Schiffsnamen wie „Famgusta" (Ort auf Zypern, S.43), „Santa Lucia" (Karibische Insel, S.59) oder „Watussi" (Volksstamm in Ruanda, S.173) zeugen von anderen, entfernten Welten außerhalb des Werftgeländes. Auffallend ist hierbei, dass der Schauplatz des Romans die von außenkommenden Produkte zu absorbieren scheint. Letztendlich werden die Schiffe vernichtet und die gerade angesprochenen Gegenstände verwertet.

Im übertragenen, gesellschaftlichen Kontext gesehen findet man m.E. Bezüge zur sich entwickelnden Globalisierung und dem damit verbundenen Konsumverhalten. Nicht heimische Produkte werden in kürzester Zeit aus entfernten Ländern importiert, wodurch der Mensch seine gewohnte Umgebung beibehalten kann. Geradezu symbolisch verstärkt diese These der konkrete Handlungsort „Hamburger Hafen" als sprichwörtliches „Tor zur Welt".

3.4 Die Zeit

Ein genauer Zeitpunkt, an dem der Roman spielen könnte, ist für den Leser anfangs nicht auszumachen. Daher entsteht schnell ein eher zeitloser Eindruck der geschilderten Handlung. So wähnt man sich durch antiquierte Begriffe und Handlungsmomente wie dem „Vorturner" im gymnasialen Sportunterricht (S. 131) in der Zeit weit zurückgesetzt.

Nur durch selten eingestreute Schlüsselbegriffe kann der Zeitpunkt des Geschehens eingeordnet werden.

An drei Punkten lassen sich konkrete Zeitbezüge ausmachen. Als erstes taucht die Katastrophe der Estonia im Text auf: „ ... aber auch das Unglücksschiff Estonia: was da alles mit unterging." (S. 23). Somit kann die Handlung nur eindeutig nach dem 28. September 1994 dem Tag ihres Untergangs spielen. Darüber hinaus folgt der zweite Zeitbezug durch einen

Song, den Hans Bruder in übertriebener Lautstärke abspielt. Der Name des Stücks lautet „I hate my generation" von David Lowery (S. 95). Veröffentlicht wurde dieses im Jahre 1996. Im gleichen Jahr begannen auch die „Backstreet Boys" ihre ersten Alben auf dem europäischen Markt anzupreisen. Hierzu findet sich der letzte Zeitbezug im Text: „ Schon auf der Treppe hörte ich die Backstreet Boys, ..." (S. 175/176). Schlussfolgernd kann man davon ausgehen, dass der Handlungszeitraum frühestens im Jahre 1996 einzuordnen ist. Weitere exakte Angaben können nicht gemacht werden. Für die Intention des Romans erscheint diese relativ genaue Zuordnung jedoch völlig ausreichend. Lenz verlegt die Handlung bewusst in die heutige Zeit, damit die Problematik und die damit verbundenen soziologischen Bezüge nicht an Aktualität verlieren.

3.5 Die Personen

Die Eltern

Lenz stellt Arnes Pflegeeltern in einer tradierten Rollenverteilung dar. Der Vater Harald sorgt für den Unterhalt der Familie durch seine Arbeit in der Abwrackwerft. Als junger Mann ist er zusammen mit Arnes leiblichen Vater zur See gefahren und hat auf verschiedenen Schiffen gearbeitet, bevor er im Hamburger Hafenbecken sesshaft wurde. Sein ganzes Leben scheint von harter, körperlicher Arbeit geprägt zu sein. Im Text finden sich hierzu einige Passagen: „..., wie seine Hände leicht zitterten, die von Gichtknoten deformierten Finger, .." (S. 27), „ ... packte Arne an den Schultern und zog ihn mit der Kraft, die mich so oft an ihm erstaunt hatte, aus dem Wasser." (S. 100) oder „Solange mein Vater bei uns war, konnte ich weder lesen noch schreiben, [...] denn ich kam nicht von seinem Anblick los, von diesem krummen Körper, ..." (S.102).
Neben seinen körperlichen Leiden kann man Hans Erzählung entnehmen, dass der Vater Alkoholiker ist: „ ..., und sein Atem verriet mir, dass er an seinem Versteck mit dem Apfelschnaps nicht vorübergegangen war." (S.27) Dadurch erhält das ruhige, statische Gesamtbild des Vaters einen Bruch. Das kühle Familienoberhaupt scheint seine Probleme und innere Konflikte nur durch den Alkohol bewältigen zu können. In das zu vermittelnde Männerbild passt das Verhalten des Vaters gegenüber der Familie. Gefühle, Ängste und Nöte werden nicht nach außen hin preisgegeben, sondern möglichst versteckt gehalten, um die überspielten Schwächen nicht zu entlarven.

Auch die Figur der Mutter Elsa entzieht sich nicht dem klassischen Frauenbild. Sie kümmert sich um das Haus und die Kinder, wobei sie die Familie zusammenhalten möchte und sehr besorgt um ihre Kinder erscheint (z.B. der Konflikt mit Wiebke S.93)

Auffallend im gesamten Roman ist, dass nur zwei weibliche Charaktere auftreten, von denen die Mutter einen davon darstellt. Im Gegensatz zu der Tochter Wiebke bleibt die Mutter jedoch im Hintergrund. Sie spielt für den Erzähler Hans in Bezug auf Arne nur eine untergeordnete Rolle.

Ebenso wie der Vater hat auch die Mutter gesundheitliche Probleme. Sie leidet an einer schweren Krankheit, die wahrscheinlich mit der Zeit einen tödlichen Verlauf nehmen wird. So muss sie sich nach ein paar Stunden der Silvesterfeier entziehen, um sich auszuruhen (S. 173). Auch ihr starkes Interesse an der Zukunft ihrer Kinder, die durch das Bleigießen ermittelt werden soll, lässt auf ein eventuelles Ableben ihrerseits schließen.

Lars

Bei Lars handelt es sich um den Jüngsten der Geschwister, der zusammen mit Wiebke den Bemühungen der Mutter rebellisch gegenübersteht. Während sie versucht, die Familie zusammenzuhalten, scheint das einzige Ziel von Lars und Wiebke zu sein, der abgeschiedenen Schutzzone des Hamburger Hafenbeckens zu entkommen. Dieser Aspekt ist letztendlich auch Ausgangsbasis für den finalen Einbruch, bei dem das umgesetzte Geld zum Kauf eines eigenen kleinen Bootes genutzt werden soll, um so den Sommer über auf nordfriesischen Inseln verweilen zu können.

Trotz Lars ablösender Haltung gegenüber seinen Eltern ergeben sich doch immer wieder Parallelen zwischen den Generationen und speziell zwischen Vater und Sohn. Beeinflusst vom vermittelten Rollenverhalten des Vaters möchte auch Lars nach außen als „starker Mann" wirken. Seine Unsicherheit und inneren Konflikte werden geschickt überspielt, wie sich schon bei der Begrüßung Arnes herauskristallisiert: „Lars begrüßte ihn nur flüchtig, fast nachlässig, und er glaubte wohl, besonders originell zu sein, als er im Abdrehen sagte: Dann auf gute Nachbarschaft." (S. 14) Daher resultiert auch die distanzierte Beziehung zu Arne, die einer „guten Nachbarschaft", einem tolerierten Zusammenleben ohne wirkliche Verpflichtung für den anderen, sehr nahe kommt.

Auch neue gesellschaftliche Tendenzen finden sich in Lars Lebenszügen. Er scheint betroffen von der großen Orientierungslosigkeit der Jugend in Bezug auf eine realistische Gestaltung der eigenen Zukunft. Im Verlauf des Romans erfährt der Leser von Lars abgebrochenen

Lehren und dem utopischen Wunsch, als Stewart möglichst schnell viel Geld zu verdienen, ohne jede weitere Alternative in der Berufswahl.

Wiebke

Die vierzehnjährige Wiebke erfährt als einzige weibliche Hauptperson einen besonderen Stellenwert in Lenz Schilderung. Sie ist ungefähr im gleichen Alter wie ihr Bruder Lars und teilt mit ihm denselben Freundeskreis. Zusammen grenzen sie sich von den Erwachsenen und Andersdenkenden wie Arne und Hans ab. Beweis hierfür ist das Rot- Weiße-Freundschaftsband, das in seinen Signalfarben als Erkennungs- und Identitätsmerkmal dient und nicht willkommenen Personen wie Arne verwehrt bleibt (S. 96).

Auch das typisch adoleszente Aufbegehren gegen die eigenen Eltern ist Wiebke und Lars gemein. So überschreitet Wiebke die Vorschriften, wenn es darum geht, pünktlich zu Hause zu erscheinen, was zu handgreiflichen Auseinendersetzungen führt (S. 93).

In ihren Wesenszügen sind Wiebke und Lars jedoch grundverschieden. Während Lars eine eher abwehrende Haltung einnimmt, agiert Wiebke völlig unbefangen und interessiert. Sie ist die einzige in der Familie, die nicht einfach über Arnes Vergangenheit hinwegsieht, um ihn zu schonen, sondern ihn direkt auf die schrecklichen Vorkommnisse anspricht: „Warst du richtig tot?" (S. 25).

Was in den Ausführungen ihres Bruders verständlicherweise nur unterschwellig mitschwingt ist Wiebkes frühe körperliche Reife und die damit verbundene Wirkung auf das andere Geschlecht. Wiebke ist die einzige im Umfeld der jungen Leute, die eine Beziehung pflegt. Außerdem wird sie dementsprechend stark umworben, so lässt sie sich beim Schwimmen sowohl von ihrem Freund Peter Brunswik als auch von Olaf Dolz in Rückenlage „probeweise retten" (S.79). In einer anderen Situation befreit Arne Wiebke auf dem Rummelplatz von „zwei Typen" die sie „abschleppen" wollten (S. 143).

Auch die Präsentation ihrer neuen knapp bemessenen Strandkombination während des Familienausflugs erzeugt einen erotischen Unterton und verleiht Wiebke eine anklingende laszive Seite.

Kalluk

Der abseits alleinlebende Wächter des Werfgeländes grenzt sich fast vollkommen von der ihn umgebenden Gesellschaft ab. Nur zu Arnes Pflegevater Harald hat Kalluk eine auf

Dankbarkeit basierende Beziehung, bei der aber nicht von wahrer Freundschaft die Rede sein kann.

Arne gelingt es als einziger näheren Kontakt zu Kalluk aufzubauen, der ansonsten mit niemandem kommuniziert. Arne ist es, der Kalluk bittet die Familie auf den Elbausflug zu begleiten (S. 111). Er ist um Integration von Kalluk in die Familie bemüht.

Kalluk stellt in seiner Person eine gescheiterte Existenz dar. Nachdem er bei der heimlichen Flucht aus seinem Heimatland Estland über Bord des angeheuerten Schiffes geworfen wird und sich einige Zeit später an dem Schuldigen rächt, muss er für mehrere Jahre ins Gefängnis. Aus der Haft entlassen wird er von Harald auf dem Werftgelände aufgenommen und fristet dort ohne wirkliche Zukunftsperspektive sein Leben.

Selbst das gewonnene Vertrauen von Arne zerbricht am Ende des Romans an Arnes Verrat. Nach dem vermeintlichen Selbstmord Arnes fällt auch Kalluk wieder in völlige Isolation zurück.

Hans

Obwohl Hans, der sich lange Zeit ein Zimmer mit Arne teilte, den größten Einfluss auf Arne besitzt und ihm am vertrautesten erscheint, kann er keine richtig tiefgehende Beziehung zu Arne aufbauen. So scheint Arnes Frage zu dem siebzehnjährigen Hans am Anfang ihres Beisammenseins berechtigt: „ Glaubst du, das wir Freunde werden können?" (S. 26) Arne spürt die Unterschiede zwischen ihnen, die einem elementaren Vertrauen entgegenwirken. Anlass hierfür ist beispielsweise die Unaufrichtigkeit, die Hans in der Ausübung seiner Mentorenrolle aufbringen muss. So lügt Hans Arne bewusst an, um ihn vor einer Enttäuschung zu bewahren (S. 90). Die mit der Mentorenfigur verknüpfte Fürsorge ist einer auf Vertrauen basierenden Beziehung in gleicher Weise hinderlich. Wie die ganze Familie (mit Ausnahme von Wiebke) versucht auch Hans, nicht mit Arne über dessen Vergangenheit zu sprechen, um mit seinem Handeln einen Schonraum für Arne zu schaffen.

Hans Mentorenrolle wirkt jedoch nicht nur einseitig in Richtung Arne, er selbst lernt von seinem Schützling viele Dinge neu einzuschätzen, wie er im Textverlauf zugibt: „... in der Zeit unserer Gemeinsamkeit habe ich gelernt, daß alles an Bedeutung gewinnen kann – auch das Kleine, das Unscheinbare - , wenn es nur etwas bezeugt." (S. 111) Wenn man im Verlauf des Romans von einer adoleszenten Weiterentwicklung des Individuums sprechen möchte, dann ist diese eher bei Hans anzutreffen als bei Arne.

Deutlich wird Hans Unkenntnis über Arne an den vielen Gegenständen, die ihm Rätsel aufgeben, denen er keine Geschichte zuordnen kann: „Ich fand jedenfalls nicht heraus, warum er ein armlanges Stück Manila- Tau aufbewahrt hatte und ein Springmesser, [...]; dies und manches andere legte ich in den Karton, ..." (S. 37).

So unterschiedlich Lars und Wiebke in ihrem Wesen sind, so unterscheidet sich auch Hans von seinen Geschwistern.

Er verfügt unter anderem über ein gewisses Potential an Kompetenz im sozialen Umgang mit anderen. Während Wiebke und Lars Arne wegen seiner Andersartigkeit ablehnen, versucht Hans ihm entgegenzukommen und aus innerer Verpflichtung Arne zur Seite zu stehen, obwohl dieser in vielen Situationen für Hans ein Rätsel darstellt.

An der Auswahl einiger Gegenständen, die den Ausgangspunkt für die episodenhaften Geschichten bilden, und an anderen Textpassagen wird an Hans ein für die heutige Gesellschaft typischer Aspekt widergespiegelt. Für ihn spielen Erfolg, Leistung und materielle Werte eine zentrale Rolle im Leben und so verfällt er in die damit verbundenen gesellschaftlichen Repressionen.

Aus Arnes Nachlass legen insbesondere die Urkunde (S. 37) (als Beweiß einer der besten Leistungen im Aufsatzwettbewerb), die Lateinübersetzung (S. 66) (für Erfolg in der Schule) und das Sparbuch (S. 73) (als materielle Absicherung Arnes) Zeugnis dafür ab.

Im Gespräch mit Arne über die ausgedienten und bald entsorgten Schiffe in der Abwrackwerft bezieht sich Hans ausschließlich auf die materiellen Verluste „in der Tiefe" (S.23). Dazu kommt das immerwiederkehrende Gespräch über die entwickelte Zukunftsplanung, das überwiegend aus den beruflichen Wunschvorstellung Arnes und Hans' besteht.

Als letzten Hinweis auf dieses kapitalistisch anmutende Verhalten möchte ich Hans Erstaunen über den von Arne nicht geöffneten Geldumschlag anbringen. An seinem Geburtstag überreicht die Großmutter Arne einen geschlossenen Umschlag, der von ihm bewusst unbeachtet unter das Kopfkissen geschoben wird. Hans ist überrascht, dass Arne kein Interesse an „der Höhe der Summe" zeigt (S. 107).

Neben der gerade angesprochenen soziologischen Reflektion wird außerdem unter diesem Gesichtspunkt eine starke Polarisierung zwischen Hans und Arne geschaffen, da Arne seine Existenz wie folgt an ganz anderen Maßstäben misst als Hans es tut.

Arne

Durch Hans subjektive Schilderung erfährt Arne als Individuum zu Beginn des Romans eine starke Reduzierung seiner komplexen Persönlichkeit. Er wird als zu bedauerndes und zu umsorgendes hilfloses Kind dargestellt, das einer starken Mentorenfigur bedarf, die zu stellen Hans bereit ist. Jedes ambivalente Verhalten von Arne, dass nicht in dieses Schema passt, wird als großes Mysterium von Hans aufgefasst, dessen Hinterfragung er nicht fähig ist. Dadurch ergibt sich von Hans ein leicht einfältiger und unreflektierter Eindruck.

Dass es sich bei Arne um kein gewöhnliches Kind handelt und ihm darüber hinaus eine nicht zu verachtende Vielschichtigkeit zukommt, wird dem Leser schnell bewusst. Er ist sehr talentiert im Umgang mit Sprachen, besitzt die Fähigkeit, Kommunikationssysteme spielend leicht zu erlernen, wodurch er in der Lage ist, Sprachbarrieren zu durchbrechen. Ein Aspekt, der nicht nur auf konkrete Sprachsysteme wie dem Finnischen, dem Lateinischen und dem Englischen, noch auf weniger konkreten Kommunikationsformen wie dem Morsealphabet oder der peruanischen Knotensprache zutrifft, sondern ebenso auf die Überwindung der in der Familie auftretenden Kommunikationsprobleme, die Arne zu überbrücken versucht. Auch in der kognitiven Entwicklung ist Arne seiner Zeit weit voraus, was das Überspringen einer Klassenstufe beweist. Sein Lehrer hält ihn für den „außergewöhnlichsten Schüler, den er je hatte" (S. 21). Als ungewöhnlich für Arnes Alter erweist sich auch die Tatsache, dass er über viele verschiedene Kanäle seine Umwelt akribisch genau wahrnimmt, sei es visuell, auditiv („ ... in diesem akustischen Toben ..." S. 41) oder taktil („Arne betastete die Fessel, ... „ S.33). Er scheint alles zu beleuchten und in seiner Gesamtheit aufzunehmen wie der Aufsatz zeigt, in dem Arne nicht nur einseitig über das bunte Treiben des Festes zu berichten weiß, sondern auch andere Seiten des Geschehens aufgreift (S. 41). Selbst feine Nuancen an Wahrnehmbarem spürt er auf (Arne lauscht an Bojen und anderen Gegenständen), aufgrund dessen man ihm darüber hinaus einen sensiblen Umgang mit den Personen seines Umfeldes zuschreiben kann.

Arne steht anhand dieser Fähigkeiten diametral zu allen anderen Menschen, mit denen er konfrontiert wird. Wodurch meiner Meinung nach seine während Isolation zu erklären ist. Richtigen Zugang findet er bei niemandem, wenn überhaupt ansatzweise bei Hans. Trotz der ablehnenden Haltung von Wiebke und Lars versucht Arne, hier Kontakte zu knüpfen. Zielgerichtet legt er seine Aufmerksamkeit in spezieller Weise auf Wiebke, die ihm in ihrer naiven Art von allen am ehrlichsten und am offensten entgegentritt. Der unermessliche Wunsch auf gegenseitiges Interesse in dieser Beziehung resultiert mit Sicherheit auch aus

weiteren Faktoren wie beispielsweise die an Wiebke verknüpfte Erinnerung an Arnes Schwester, die ihm durch so tragische Umstände genommen wurde.

Daher spielt der Schutz, den Arne Wiebke bieten möchte, eine wichtige Rolle. Er überwacht sie, während sie für kurze Zeit im Kontor Unterschlupf findet und folgt ihr auf den Dom (S. 143). Des weiteren kann er die körperliche Züchtigung der Tochter durch die Mutter als einziger nicht akzeptieren: „ Erstaunt sah er mich an, meine Bemerkung gefiel ihm nicht, und als wollte er mich daran erinnern, daß jeder ein Recht auf Teilnahme hätte, sagte er: Man kann einen doch nicht allein lassen." (S. 95). Dieses Schutzverhalten deute ich auch als Ursprung für Arnes Verlangen, in die Clique um Lars und Wiebke aufgenommen zu werden, nur so wäre es ihm möglich, ständig in ihrer Nähe zu sein.

Bevor im nächsten Schritt auf die Symbolik des Romans näher eingegangen wird, bleibt noch ein wichtiger Aspekt über Arne zu erwähnen. Dabei handelt es sich um einen Wesenszug, der ihn wiederum von allen unterscheidet, und zwar seinem moralischen Bewusstsein, dem Gerechtigkeitsprinzip, das sein Handeln bestimmt, und der Konsequenz, die er verfolgt, in der Durchsetzung seiner Wertvorstellungen. Hans bezweifelt zu Beginn der Handlung, ob Arne jemals zu ihnen gehören wird: „ ..., weil dir die Spielregeln und Wahrheiten, denen wir uns verpflichtet fühlten, nicht das bedeuteten, was sie uns bedeuten." (S.26). Mit diesen Wahrheiten und Spielregeln kann sich Arne nicht zufrieden geben, für ihn gelten andere, weit übergeordnetere „Wahrheiten".

Umso existenzieller muss der Konflikt zwischen der zu erreichenden Aufnahme in die Gemeinschaft um Wiebke und dem Verrat an Kalluk in Bezug auf den nächtlichen Einbruch im Kontor für Arne sein. Hier kollidieren die zwei wichtigsten Prinzipien seines Lebens miteinander.

3.6 Symbolik

Um der subjektiven Darstellungsform ein objektives Gegengewicht zu geben, arbeitet Lenz in seinem Roman mit einer Fülle an Symbolen. Der Leser erhält so die Chance, Arne in vielen zweifelhaften Situationen besser einzuschätzen.

Da hier in Kürze nicht alle Symbole angesprochen werden können, möchte ich in einer Auswahl auf einige exemplarisch eingehen.

Auffallend erscheint mir, dass manche Symbole direkt auf Arnes Gemütszustand anzuwenden sind. So wird beispielsweise Arnes Verschlossenheit und das Eingeengt- Sein in der neuen Umgebung durch das immer wiederkehrende Symbol kompakter, geschlossener Behältnisse

verdeutlicht. Es tauchen Gegenstände auf wie „Köfferchen", „sperriger Kasten" (S. 10), „Metallspind", „Kiste", „Eckschränkchen" (S. 19), „Paket" (S. 31), „Kästchen" (S. 100) und auch die auf den Werftgelände platzierten Bojen implizieren das gleiche Gefühl von Verschlossenheit und Enge.

Des weiteren findet sich eine häufig verwendete Tiersymbolik. Besonders zum Tragen kommt der Vogel als Zeichen des Seelenzustandes. Bei seiner Ankunft schenkt Arne der Mutter eine Porzellanseemöwe „in Verteidigungshaltung", wodurch er sich selbst im übertragenen Sinne der Familie zum Geschenk macht und ihnen seine Obhut anvertraut (S. 16).

Während des Krankenlagers wird Arne von einem gegen die Fensterscheibe fliegenden Vogel aus dem Schlaf gerissen. Erst nachdem Hans sich vergewissert hat, dass es dem Vogel gut geht, ist Arne beruhigt. Eine Szene, die auf den angeschlagenen Gesundheitszustand Arnes zu beziehen ist, und auch Arnes baldige Genesung in Aussicht stellt (S.101).

In der Textpassage über die Silvesternacht findet sich erneut ein Vogelsymbol, diesmal erkennt Arne in Hans Bleifigur einen „trinkenden Vogel" (S.169), ein möglicher Hinweis auf Hans zu stillenden Lebensdurst.

In einigen anderen Abschnitten lässt Lenz ebenfalls Vogelmotive einfließen wie den Ausführungen über das Schiff mit Namen „Albatros" (u.a. S.23, 124), den „erhobenen Wildenten" bei der Besichtigung der Makarow (S.56), „dünne Klagerufe" von angeblichen Vögeln außerhalb des Kontors (S. 149) und ruhenden Möwen und Wildenten auf dem Wasser nach der Einbruchnacht (S. 192).

Mit dem Sinnbild des Vogels gehen andere Tiersymbole einher: „Die Krabbe, die zur Verteidigung die Scheren emporstreckt" (S. 169) und die Arne beim Bleigießen hervorbringt, „der Delphin" in Gestalt einer Porzellanfigur, die Arne von seiner Großmutter als Geburtstagsgeschenk erhält (S. 107) und „der Schmetterling" in Form einer Haarspange, den Arne Wiebke anonym zukommen lässt (S.71). Da Arne Zugang zu Wiebke haben möchte, symbolisiert auch der Schmetterling Arnes Seelenzustand. Darüber hinaus verkörpert er die Wiederauferstehung, die Arne durch seine Rettung erfahren hat.

Weitere wichtige Symbolträger wären beispielsweise „der Leuchtturm", den Arne im übertragen Sinn als Wegweiser geschenkt bekommt (S. 16), „die Puppe", die Wiebke auf dem Dom fallen lässt und danach weiterverschenkt, in der sich die bald beendigte Kindheit widerspiegelt (S. 145) oder „der Kompass", der ähnlich dem Leuchtturm als richtungsweisend angesehen werden kann. Diese Gegenstände beziehen sich in ihrer Symbolik unter anderem auf die Problematik der Adoleszenz und bringen den anstehenden Übergang zum

Erwachsenenstatus ebenso zum Ausdruck wie die Sehnsucht, endlich die Orientierungslosigkeit in der Gesellschaft zu überwinden.

3.7 Biblische Aspekte

Zu den literarischen Besonderheiten in dem Roman „Arnes Nachlaß" zählt meiner Meinung nach die verschlüsselte Darstellung biblischer Motive und Szenerien. Schon an Arnes Ankunft lassen sich gewisse Bezüge zur Bibel nicht verleugnen. Arne hält in einem der Wintermonate Einzug in die Familie, das Gelände ist von weißem Schnee bedeckt, ein Bild, das an Arnes Reinheit und Unschuld anknüpft. Er wird in der gleichen Jahreszeit in die Familie aufgenommen, in der auch Jesus das Licht der Welt erblickt hat. Und während damals die Ankunft des Propheten signalisierend der Stern über dem Stall in Bethlehem erstrahlte, schwebt im Himmel über Arne „eine riesige Schiffsschraube", die in ihrer Form entfernt die Assoziation mit einem Stern zulässt (S. 10).

Darüber hinaus lassen sich noch eindeutigere Textpassagen finden. Beispielsweise beantwortet der Vater zu Beginn des Familienausflugs scherzhaft die Frage nach dem Reiseziel mit dem Wort: „Valparaiso" (S. 112), einem nach dem Paradies benannten Ort in Chile. In diesem Paradies, einem Elbstrand in der Nähe der Werft, reinigt Arne nahezu ehrfurchtsvoll die ölverschmutzten Füße von Wiebke, einem Bild, das der Fußwaschung der Jünger durch Jesus entspricht (NT, Johannes 13; 1-20). Die zu entfernenden Ölklumpen erinnern dabei an Teufelssymboliken wie Pech und Schwefel. Gerahmt wird die gesamte Szenerie durch engelsgleiche, lautlos in der Luft schwebenden Segelflieger.

Der kurz vor Aufbruch konsumierte „Apfelschnaps" des Vaters verleiht dem Geschehen in Assoziation mit der Vertreibung aus dem Paradies und der damit verbundenen verbotenen Frucht des Apfel einen in sich logischen Abschluss.

Andere Attribute Jesus stehen in gleicher Weise in engem Zusammenhang mit Arne: Das Handauflegen während Wiebkes Erkrankung in Bezug auf Heilung und Segnung (S. 52) oder die imaginären Beherrschung des Windes mit Hilfe Kalluks Zauberknoten durch den Arne die gleiche Macht erhält, Naturgewalten zu beherrschen, wie es sonst nur Jesus vorbehalten war (S.89 / NT, Markus 4; 35–41).

Arnes Vielsprachigkeit hingegen lässt sich dem Pfingstwunder zuordnen, bei dem die Jünger mehrsprachig durchs Land zogen, um Menschen unterschiedlichster Herkunft von Jesus berichten zu können, wodurch gleichzeitig die Sünde von Babel aufgehoben wurde.

Nach reichlicher Überlegung spielt auch Arnes Umfeld eine zentrale Rolle in der Betrachtung biblischer Aspekte. Die Menschen, die Arne umgeben, gehören fast ausschließlich der unteren Mittelschicht, bzw. der Unterschicht an. In den gleichen Schichten hat Jesus seine Anhänger gefunden, da hier die Not und der Schmerz am größten schien. Ebenso zeigen die Menschen um Arne Not und Schmerz. Arnes Pflegevater ist von harter körperlicher Arbeit gezeichnet und alkoholabhängig, seine besten Freunde Arnes leiblicher Vater und Kalluk haben Menschenleben auf dem Gewissen und ihr eigenes Leben verwirkt. Arnes Pflegemutter leidet unter einer Krankheit mit wahrscheinlich tödlichem Ausgang.

Es stellt sich die Frage, warum Lenz diese diversen Anspielungen aus dem biblischen Kontext in seinen Roman mit einbezieht, wobei gerade der Bezug zwischen Jesus und Arne deutlich im Vordergrund steht.

Meiner Ansicht nach wird damit Arnes ohnehin hohe moralische Wertvorstellung explizit hervorgehoben, kein anderer Vergleich außer der Bibel wäre für dieses Motiv besser geeignet als das „Regelwerk" des christlichen Glaubens, das unsere Kultur seit Jahrhunderten in Werte- und Normenvorstellung geprägt hat. Daraus ergibt sich auch ein wichtiger Punkt für die Gesamtaussage des Romans, die u.a. im folgenden Abschnitt behandelt werden soll.

4. „Arnes Nachlaß" ein Adoleszenzroman?

Wenn ich hier am Ende meiner Ausführung nun die Frage beantworte, ob es sich bei Lenz „Arnes Nachlaß" um einen Adoleszenzroman handelt, dann kann ich diese Frage, durch die Auseinandersetzung zwischen der Analyse des Romans einerseits und den gattungsspezifischen Merkmalen andererseits, nur verneinen.

Bei der näheren Betrachtung Arnes zeigt sich nur an wenigen Stellen des Romans adoleszente Problematik, wie beispielsweise in seiner Suche nach Geborgenheit in der Clique um Wiebke und Lars. Wie oben schon angesprochen, lässt sich dieses Verhalten aus meiner Sicht jedoch eher auf den von Arne angestrebten Schutz von Wiebke zurückführen, als auf den dringenden Wunsch nach sozialer Integration.

Weiterhin ist die Wahl der Erzählkonstruktion für einen Adoleszenzroman, in dem Arnes Reifeprozess beschrieben werden soll, sehr untypisch.

Handelt es sich bei Adoleszenzromanen zumeist um Innenansichten der Hauptpersonen, die kritisch ihre Umwelt reflektieren, so kann in diesem Roman die Innenansicht Arnes nur

beschränkt und auf Umwegen (z.B. in der Symbolik) erahnt werden, was den Schluss nahe legt, dass eventuell Hans adoleszente Entwicklung im Vordergrund steht, da seine Innensicht anhand der Erzählungen viel deutlicher hervortritt.

Allerdings fallen bei Hans die innere Reflexion und auch die sonst vorhandenen adoleszenten Problematiken kaum ins Gewicht. In Hinsicht auf den Themenkatalog, der in Punkt 1 aufgeführt ist, geht es Hans nicht um den Aufbau einer Peer- Group, die gesellschaftliche Rollenerwartung in Bezug auf sein Geschlecht, Unabhängigkeit zum Elternhaus usw. Die hier erwähnten Eigenschaften treffen wiederum eher auf Hans Geschwister Lars und Wiebke zu, die im Verlauf der Handlung noch die eindeutigsten adoleszenten Phasen durchmachen. Aus deren Innensicht der Leser aber noch weniger erfährt als über Arnes Auseinandersetzung mit seiner Umwelt.

So möchte ich den Schluss ziehen, dass es sich bei „Arnes Nachlaß" weniger um einen Adoleszenzroman handelt als um einen Roman, bei dem adoleszente Problematik sehr facettenreich anklingt.

Diese These möchte ich noch um einen weiteren Aspekt bereichern. Und zwar um die gesellschaftskritischen Momente, in denen meiner Meinung nach, für einen Adoleszenzroman völlig untypisch, die zentrale Aussage des Romans begründet liegt. Exemplarisch wird an Arnes Pflegefamilie und den anderen Personen des Werftgeländes ein Ausschnitt der Gesellschaft wiedergespiegelt. Wie schon in der Analyse angesprochen, schwingen in der Wahl des Ortes, der Zeit und den einzelnen Charakteren unterschiedliche soziologische Tendenzen mit. Im Kontrast dazu steht Arne, der als „Fremdkörper" in eine neue Welt eintaucht. Die hier herrschenden „Spielregeln und Wahrheiten " (S.26) haben für Arne keine Gültigkeit. Er besitzt ein in höheren Maßstäben angelegtes moralisches Bewusstsein, das, durch die Überlagerung mit den in Punkt 3.7 angesprochenen biblischen Aspekten, explizit hervorgehoben wird. Überspitzt erscheint Arne im Licht eines neuen Propheten, der gekommen ist, um den Menschen seiner Umgebung neue Lebensperspektiven aufzuzeigen. Mitunter handelt es sich in dem Roman fast ausschließlich um Menschen, die auf der Suche nach Lebensinhalten sind (Jungendliche, Alkoholiker, Mörder und Todkranke). Doch ähnlich wie schon Kästners Moralist „Fabian", scheitert auch Arne an den Strukturen seiner Umgebung. Während Fabian durch einen unglücklichen Zufall symbolisch im Fluss (der Gesellschaft) ertrinkt (vgl. Kästner, 2000, 236) wählt Arne bewusst den Tod als einzigen Ausweg. In der heutigen Gesellschaft, so scheint es, existiert kein Platz für hohe moralische Wertvorstellungen.

Die Gegenstände in Arnes Nachlass verwandeln sich in der biblischen Metaebene zu Reliquien, die von Arnes noch vorhandenem Gedankengut zeugen sollen. Durch das Verpacken und der damit verbundenen Auslöschung der Erinnerung wird dem Leser jede Aussicht auf Bewahrung moralischer Maßstäbe zunichte gemacht. Erst in Lars entgegenwirkender Handlung, der Rekonstruktion des Zustandes während der gemeinsamen Zeit mit Arne, schwingt Hoffnung mit.

Auffallend zeigt sich hier, dass ausgerechnet Lars, der am wenigsten Zugang zu Arne findet, diesen Prozess auslöst.

Die in dieser Ebene der Betrachtung eingeflochtenen exemplarischen Bezüge zur Gesellschaft sprechen ebenfalls nicht für die Gattung des Adoleszenzromans, indem es vorrangig um die Darstellung eines vollständigen Individuums geht, das in seiner eigenwilligen Komplexität in dem Roman „Arnes Nachlaß" nicht existent erscheint.

5. Literaturverzeichnis

Primärliteratur

- Lenz, Siegfried: Arnes Nachlaß; München 2001

Sekundärliteratur

- Ewers, Hans- Heino: Zwischen Problemliteratur und Adoleszenzroman, Aktuelle
  Tendenzen der Belletristik für Jugendliche und junge Erwachsene; In: Informationen
  des Arbeitskreises für Jugendliteratur 15, 1989, H.2, S.4 – 23
- Ewers, Hans- Heino: Der Adoleszenzroman als jugendliterarisches Erzählmuster; In:
  Deutschunterricht 1992, H.6, S. 291 – 298
- Gansel, Carsten: Der Adoleszenzroman, Zwischen Moderne und Postmoderne; in Lange
  Günter (Hrsg.): Taschenbuch der Kinder- und Jugendliteratur, Bd. 1; Baltmannsweiler
  2000, S. 359- 398
- Hurrelmann, Klaus: Lebensphase Jugend; Weinheim und München 1994
- Jens, Walter (Hrsg.): Kindlers neues Literatur- Lexikon; München 1988
- Kästner, Erich: Fabian, Die Geschichte eines Moralisten: München 2000
- Lange, Günter (Hrsg.): Taschenbuch der Kinder- und Jugendliteratur, Bd. 1;
  Baltmannsweiler 2000
- Mutz, Ingomar D. / Scheer, Peter J: Pubertät und Adoleszenz;
  www-ang.kfunigraz.ac.at/~scheer/doc/pubertaet.html; 1997

Des weiteren:

- Die Bibel; Deutsche Bibelgesellschaft; Stuttgart 1985
- Deutschunterricht; Zeitschrift von 1992, H.6, S. 291 – 298

Erklärung:

Ich versichere, dass ich die vorliegende Arbeit ohne fremde Hilfe angefertigt habe und dass
ich außer der von mir angegebenen Literatur keine weitere benutzt habe. Die wörtlich
übernommenen Stellen sind als solche gekennzeichnet.

Braunschweig, den 14. April 2002

(Oliver Bock)

9 783656 446958